I0446572

Développez votre **META LEADERSHIP**

*Un catalyseur moderne pour la Responsabilité Sociale des Entreprises*

Laurent Zecchinon

Auteur

Laurent Zecchinon

Titre

Développez votre META-LEADERSHIP
Un catalyseur moderne pour la Responsabilité Sociale des Entreprises

ISBN : 9798872915454

Publié de manière indépendante

Première édition

Photo: Aimy Zecchinon

# DÉDICACE

*Ce livre est dédié à tous ceux et celles qui travaillent à rendre le monde plus éthique, plus équilibré, plus congruent, et en particulier dans le monde de l'entreprise.*

# TABLE DES MATIÈRES

| | |
|---|---:|
| **1 - INTRODUCTION** | **1** |
| Responsabilité Sociale des Entreprises | 4 |
| Une seule chose | 12 |
| **2 – AU-DELÀ DU LEADERSHIP** | **15** |
| Le principal différentiateur de l'excellence | 16 |
| Une culture de leadership | 18 |
| Les besoins humains | 21 |
| Vivre selon ses valeurs | 26 |
| Auto- & méta-leadership | 28 |
| Méta-objectifs | 29 |
| **3 - EMPOWERMENT** | **34** |
| La pratique délibérée | 36 |
| Développement des habitudes et compétences | 38 |
| Le feedback intelligent | 46 |
| Pourquoi le talent est surestimé | 48 |
| Mitiger les risques | 50 |
| **4 – TRAVAIL D'ÉQUIPE GÉNÉRATIF** | **53** |
| Intelligence collective | 54 |
| Dynamique d'équipe | 57 |
| Sécurité psychologique | 60 |
| Engagement total | 63 |
| **5 – CADRE STRUCTUREL** | **69** |
| Management scientifique | 70 |
| Une équipe d'équipes | 74 |
| Gouvernance décentralisée | 77 |
| La sagesse des foules | 80 |
| Un nouveau processus d'approbation pour les décisions clés | 82 |
| Le point où une équipe foire | 83 |
| L'effet volant | 86 |
| Evaluation de la performance | 90 |
| **6 - CONCLUSION** | **96** |
| Expansion des consciences | 97 |
| Investir dans la RSE | 98 |
| Management versus leadership | 100 |
| Le leadership par l'exemple | 102 |
| Points clés à retenir | 108 |
| **7 - RÉFÉRENCES** | **112** |

# REMERCIEMENTS

Je tiens à remercier toutes les personnes qui m'ont inspiré à réfléchir sur ce sujet et qui ont contribué, directement ou indirectement, à l'écriture de ce livre.

Celles et ceux qui m'ont guidé par l'exemple, à l'intérieur et à l'extérieur du monde professionnel. Vous m'avez aidé à devenir une meilleure personne en me sentant, pensant et agissant mieux.

Celles et ceux qui, en revanche, ont fait preuve d'une véritable médiocrité. Vous m'inspirez à trouver et à créer quelque chose de bien meilleur.

J'ai une pensée spéciale pour les personnes, la famille et les amis, qui m'ont accompagné sur ce chemin, parfois pendant des décennies. Ils se reconnaîtront.

# 1 - INTRODUCTION

*"Si tu veux construire un bateau, ne rassemble pas les hommes et femmes pour leur donner des ordres, pour expliquer chaque détail, pour leur dire où trouver chaque chose… Si tu veux construire un bateau, fais naître dans le cœur de tes hommes et femmes le désir de la mer."*

- *Antoine de Saint-Exupéry*

Au cours de ces 25 dernières années, j'ai eu l'opportunité de travailler dans plusieurs environnements : université, petites biotechs, grande entreprise pharmaceutique, école secondaire et hôpital. Ensuite, lorsque je suis devenu coach/consultant/formateur (à mon sens différentes facettes du même métier), je suis également intervenu dans plusieurs autres secteurs tels que celui de la construction, un cabinet d'avocats ou même un office du tourisme.

Cette variété d'environnements professionnels m'a permis de découvrir différentes structures et cultures, ainsi que plusieurs styles de leadership. Certains étaient inspirants et axés sur la croissance, d'autres non.

Lorsque j'ai pris la décision d'assumer pleinement la responsabilité de ma vie personnelle et de mon développement, j'ai choisi d'explorer ce domaine à la recherche de réponses à deux questions. Pourrais-je faire mieux ? Comment ?

Je crois fermement qu'une meilleure connexion du potentiel humain avec une humanité plus consciente et respectueuse pourrait, voire devrait, être réalisée à travers les organisations et l'entrepreneuriat.

Ce livre a donc pour objectif de fournir des perspectives à ceux qui recherchent un meilleur lieu de travail, où les personnes, l'environnement et l'économie prospèrent ensemble, et non au détriment les uns des autres.

Comme le dit **Tony Robbins**, la complexité est l'ennemie de l'exécution. Aujourd'hui, trop d'organisations (entreprises ou administrations) sont vraiment constipées, manquant à la fois de performance et de bien-être, en raison d'un excès de complexité interne. Malgré leur volonté de changer ou de se transformer régulièrement, en utilisant différentes méthodologies bien connues, elles échouent continuellement à atteindre le double objectif de l'épanouissement humain et économique.

De plus, une organisation moderne doit être à la fois stable et agile pour prospérer dans notre monde **VICA** (Volatile, Incertain, Complexe et Ambigu). En bref, cela signifie que le monde est désormais beaucoup plus interconnecté (et donc interdépendant) et que les choses peuvent évoluer beaucoup plus rapidement qu'auparavant, avec à la clé à la fois plus de défis et d'opportunités.

## Responsabilité Sociale des Entreprises

La responsabilité sociale des entreprises (**RSE**) correspond à la responsabilité des entreprises en ce qui concerne les effets qu'elles ont sur la société. Elles ne sont donc plus évaluées uniquement d'un point de vue économique, mais également d'un point de vue sociétal et environnemental.

La RSE peut être considérée comme un **processus continu d'amélioration**, dans lequel les entreprises intègrent de manière volontaire, systématique et cohérente des considérations sociales, environnementales et économiques dans la gestion globale de l'entreprise.

La RSE repose sur une gamme d'outils - **normes, standards et labels** - qui permettent de mesurer l'authenticité de ces pratiques et leur valeur ajoutée, et de maximiser leurs effets tant pour l'entreprise que pour la société.

De nombreuses entreprises considèrent la RSE comme faisant partie intégrante de leur **image de marque**, estimant que les clients seront plus enclins à consommer des marques qu'ils perçoivent comme plus éthiques. Certains dirigeants d'entreprises sont également motivés à s'engager dans la RSE en raison de leurs **convictions** personnelles.

S'engager dans la RSE signifie qu'au cours de ses activités ordinaires, une entreprise opère de manière à **améliorer** la société et l'environnement au lieu de contribuer négativement à ces derniers.

Les initiatives de RSE sont souvent réparties en **quatre catégories** : responsabilité environnementale, philanthropique, éthique et économique. Les **initiatives environnementales** se concentrent sur la préservation des ressources naturelles, tandis que les **initiatives philanthropiques** se concentrent sur les dons à des causes dignes qui ne sont pas nécessairement liées à l'activité commerciale. La **responsabilité éthique** garantit des opérations commerciales justes et honnêtes, tandis que la **responsabilité économique** favorise le soutien financier des objectifs susmentionnés.

La **responsabilité environnementale** est profondément enracinée dans la gestion responsable de notre planète. En termes simples, elle implique l'engagement à améliorer et à conserver les ressources naturelles affectées par les opérations de l'entreprise. Cet engagement se manifeste à travers diverses initiatives telles que (i) la réduction de la pollution, des déchets, de la consommation de ressources naturelles et des émissions tout au long du processus de fabrication, (ii) la participation active au recyclage de biens et de matériaux, (iii) la compensation des impacts négatifs en reconstituant les ressources naturelles ou en soutenant des causes atténuant l'empreinte environnementale de l'entreprise (par exemple, en s'engageant à planter un nombre d'arbres équivalent ou supérieur à ceux abattus lors de la déforestation), (iv) la distribution consciente des biens en optant pour des méthodes avec un impact minimal sur les émissions et la pollution, et (v) le développement de lignes de produits alignées sur ces valeurs environnementales.

En substance, la responsabilité environnementale s'efforce non seulement de minimiser les dommages, mais aussi de contribuer positivement à la santé globale et à la durabilité de notre monde naturel.

La **responsabilité philanthropique** tourne autour de l'impact transformateur qu'une entreprise peut avoir sur la société grâce à ses actions et contributions. Elle va au-delà de la simple recherche de profits pour aborder la manière dont une entreprise utilise ses ressources pour améliorer le bien-être du monde. Cela englobe (i) les dons à des œuvres caritatives ou à des causes qui résonnent avec les valeurs de l'entreprise, (ii) des transactions exclusivement avec des fournisseurs ou des vendeurs partageant l'éthique philanthropique de l'entreprise, (iii) le soutien des employés dans leurs initiatives philanthropiques en offrant des congés ou en faisant des dons correspondants, et (iv) la participation active à la communauté en parrainant des événements de collecte de fonds ou en établissant une présence locale significative.

En substance, la responsabilité philanthropique souligne l'engagement de non seulement réussir en tant qu'entité commerciale, mais aussi de **contribuer activement** à l'amélioration de la société, favorisant une relation positive et impactante entre l'entreprise et la communauté qu'elle dessert.

La **responsabilité éthique** met l'accent sur l'engagement envers une conduite équitable et éthique. Cela englobe plusieurs aspects clés tels que (i) garantir un traitement équitable pour tous les clients, indépendamment de l'âge, de la race, de la culture ou de l'orientation sexuelle, (ii) favoriser un environnement positif et inclusif pour les employés, transcendant les différences personnelles, et fournissant une rémunération et des avantages favorables dépassant les minimums obligatoires, (iii) promouvoir la diversité dans la sélection des fournisseurs en collaborant avec des fournisseurs de différentes races, genres, statuts de vétérans et milieux économiques, et (iv) maintenir une communication transparente et opportune avec les investisseurs, en divulguant de manière honnête et respectueuse les préoccupations opérationnelles.

La **responsabilité financière** sert de pivot unissant les trois domaines susmentionnés. Alors qu'une entreprise peut aspirer à élever son empreinte sur l'environnement, l'éthique et la philanthropie, la réalisation de ces aspirations repose sur des engagements financiers stratégiques. Cela implique l'allocation de ressources vers (i) la recherche et le développement de produits innovants favorisant la durabilité, (ii) le recrutement d'une gamme diversifiée de talents pour favoriser une main-d'œuvre inclusive, (iii) des initiatives éducatives et de formation des employés sur la diversité, l'équité, l'inclusion, la sensibilisation sociale et les problèmes environnementaux, (iv) la mise en œuvre de processus qui peuvent entraîner des coûts plus élevés mais conduisent à des résultats RSE plus impactants, et (v) garantir des rapports financiers transparents et opportuns, y compris des audits externes.

Dans certains modèles de responsabilité sociale des entreprises, on observe un déplacement de la responsabilité financière vers des actions de bénévolat. Cependant, la compréhension demeure que les investissements financiers sont essentiels pour transformer les aspirations en matière de RSE en impacts tangibles et positifs sur l'environnement, la société et les pratiques éthiques.

Les principaux **avantages de la RSE** sont

- la reconnaissance de la marque
- l'engagement des employés
- la réduction des risques
- le succès financier.

En effet, à mesure qu'une entreprise s'engage davantage dans la RSE, elle est plus susceptible de recevoir une reconnaissance favorable de sa marque. Les **consommateurs** sont de plus en plus conscients des impacts que les entreprises peuvent avoir sur leur communauté, et beaucoup basent désormais leurs décisions d'achat sur l'aspect RSE d'une entreprise. Les consommateurs sont alors plus susceptibles d'agir favorablement envers une entreprise qui se soucie de ses clients plutôt que de simplement démontrer la capacité de fournir des produits de qualité.

Les **travailleurs** sont également plus susceptibles de rester dans une entreprise en laquelle ils croient. Cela réduit à son tour le taux de rotation des employés, les travailleurs mécontents et le coût total d'un nouvel employé. L'adoption de pratiques de RSE permet aux entreprises de gérer proactivement et de réduire les risques en évitant les scénarios potentiellement problématiques.

Des actions telles que la discrimination contre des groupes d'employés, la négligence des ressources naturelles ou l'utilisation non éthique des fonds de l'entreprise peuvent entraîner des poursuites judiciaires, des litiges ou des procédures légales, entraînant des dommages financiers et exposant l'entreprise à des titres de presse négatifs. En adhérant aux principes de la RSE, les entreprises peuvent se prémunir contre ces risques, favorisant un environnement commercial résilient et éthiquement sain.

Pour les entreprises cherchant à prendre de l'avance et à **surpasser le marché**, l'application de stratégies de RSE tend à améliorer la perception qu'ont les investisseurs d'une organisation et la valeur qu'ils accordent à l'entreprise. Dans une étude du Boston Consulting Group, les entreprises considérées comme des leaders en matière de questions environnementales, sociales ou de gouvernance bénéficiaient d'une prime de valorisation de 11% par rapport à leurs concurrents.

Il n'existe pas de grille d'**évaluation** universellement applicable pour estimer la RSE de toutes les entreprises, car différentes sources utilisent des critères divers lors de l'établissement de classements. Ces évaluations tiennent généralement compte de facteurs tels que les relations avec les employés, l'impact environnemental, les droits de l'homme, la gouvernance et les décisions financières.

Cependant, l'**évaluation stratégique** des stratégies de RSE peut poser des défis, car tous les avantages ne sont pas facilement quantifiables financièrement pour l'entreprise. Par exemple, évaluer l'impact positif sur l'image de marque d'une entreprise résultant d'initiatives telles que la plantation d'un million d'arbres peut s'avérer complexe en raison de la nature subjective de la perception de la marque et de sa traduction financière.

## Une seule chose

Dans la comédie *La Vie, l'Amour, les Vaches*, il y a une scène mémorable où Curly, le vieux cow-boy joué par le regretté **Jack Palance**, a une conversation profonde sur la vie avec Mitch, joué par **Billy Crystal**.

*Curly : Tu connais pas le secret de la vie ?*

*Mitch : Non. C'est quoi ?*

*Curly : Çà. (levant un doigt)*

*Mitch : Votre doigt ?*

*Curly : Une chose. Une seule chose. Tu t'accroches à ça; tout le reste, c'est un paquet de conneries.*

*Mitch : C'est super mais… cette chose, c'est quoi ?*

*Curly : Ça, c'est à toi de la trouver tout seul.*

Dans les chapitres qui suivent, nous explorerons les principaux facteurs de succès d'organisation selon une seule chose : le **méta-leadership**.

En écrivant ce livre, mon objectif n'était pas de présenter une approche exhaustive du sujet, mais plutôt d'identifier les différences qui font la différence, et en particulier dans un contexte de la RSE.

## *Résumé du chapitre 1*

*La durabilité exige que les entreprises intègrent des considérations sociales, environnementales et économiques dans la gestion globale.*

*La Responsabilité Sociale des Entreprises (RSE) est un cadre d'amélioration continue conçu dans ce but.*

*Une organisation moderne doit être à la fois stable et agile, car le monde est désormais beaucoup plus interconnecté (et donc interdépendant), et les choses peuvent évoluer beaucoup plus rapidement qu'auparavant, avec à la fois plus de défis et d'opportunités.*

# 2 – AU-DELÀ DU LEADERSHIP

*"Le leadership est une combinaison puissante
de stratégie et de caractère. Mais s'il faut choisir,
mieux vaut se passer de la stratégie que du caractère."*

*- Norman Schwarzkopf*

# Le principal différenciateur de l'excellence

Le terme *leadership* tire son origine du vieux mot anglais *lithan*, signifiant *aller ou voyager*, mettant en avant l'action et l'influence plutôt que le simple pouvoir ou le contrôle. Le leadership consiste donc à **aller de l'avant** et à **influencer les autres** par ses actions et ses paroles.

Dans son best-seller *De la performance à l'excellence*, l'ancien professeur de commerce de Stanford **Jim Collins** présente les résultats d'une étude de cinq ans sur ce qui différencie 11 entreprises excellentes de leurs concurrents directs et indirects.

Le sujet de la recherche peut être résumé comme suit: une bonne entreprise peut-elle devenir excellente et si oui, comment ? Ses conclusions sont aussi intéressantes que bien documentées.

Les critères qu'une entreprise doit remplir pour être considérée comme excellente sont les suivants :

- des bénéfices cumulés qui n'ont pas dépassé le marché pendant 15 ans
- un point de transition suivi de bénéfices cumulés qui étaient au moins trois fois supérieurs au marché pour les 15 années suivantes.

Pourquoi 15 ans me direz-vous ? Parce que, selon **Jim Collins**, c'est une durée qui transcende les aléas, dépassant la durée moyenne de la plupart des mandats de PDG. Le choix de la valeur de 3x par rapport au marché vient du fait qu'elle dépasse les résultats des grandes entreprises les plus largement reconnues.

Et devinez quoi... le **facteur de succès numéro un** qui a fait la différence entre les bonnes et les excellentes entreprises était la **personnalité du leader**.

**Jim Collins** et son équipe définissent ainsi 5 niveaux de leadership :

- Niveau 1 : Individu hautement capable
- Niveau 2 : Membre actif de l'équipe

- Niveau 3 : Leader compétent
- Niveau 4 : Leader efficace
- Niveau 5 : Grand leader

Toutes les entreprises excellentes étaient caractérisées par un leader de niveau 5 qui démontrait une excellence soutenue grâce à une subtile combinaison d'**humilité** personnelle et de **détermination** professionnelle. Des exemples de tels leaders sont **Colman Mockler**, PDG de Gillette de 1975 à 1991, et **Abraham Lincoln**, 16e président des États-Unis de 1861 jusqu'à son assassinat en 1865.

Une caractéristique clé de ces leaders est qu'ils savaient également mettre en place des **successeurs** capables de perpétuer le succès. En revanche, dans les autres entreprises étudiées, trois dirigeants sur quatre ont été suivis par des successeurs faibles.

## Une culture de leadership

Les équipes et organisations robustes et durables sont donc construites sur une culture de leadership responsabilisant plutôt que sur un culte formé autour d'un leader particulier.

Dans un **culte**, l'organisation existe et réussit principalement en raison de la personnalité du leader. Un culte est donc **rudimentaire** et **éphémère**, car il s'estompe lorsque le leader s'en va. Un des inconvénients majeurs des cultes est la perception d'une **inégalité** fondamentale entre ses membres. En effet, de telles organisations reposent sur une **hiérarchie** où les personnes en haut sont intrinsèquement meilleures que celles aux autres niveaux. Cela donne le sentiment que les individus sont des entités dispensables qui peuvent être facilement remplacées une fois que le citron a été entièrement pressé.

Au contraire, une **culture** de leadership est bien plus **durable** et **robuste** qu'un culte car elle ne dépend pas autant du leader seul. La culture est partagée par tous les membres de l'organisation. Elle est basée sur un **objectif** et une **vision** communs, une **mission**, des **valeurs**, des **croyances**, des **comportements** et des **connaissances** qui peuvent être transmis aux générations suivantes.

La culture est l'un des secrets qui a conduit les célèbres **All Blacks** au sommet, les faisant devenir l'une des équipes les plus titrées au monde. Ce qui compte pour les **All Blacks**, c'est de laisser le maillot dans une meilleure position. Dans un sens plus large, cela signifie que leur principale responsabilité est d'être un bon ancêtre. Leur culture est leur **héritage**.

Dans une culture, bien qu'il y ait encore des individus symboliques avec des responsabilités clés, les personnes sont essentiellement considérées comme **égales**, occupant **différents rôles**. Les rôles sont basés sur le développement des capacités individuelles et ne reflètent pas la valeur intrinsèque de la personne. Par conséquent, tous les membres sont reconnus et considérés comme des contributeurs précieux et indispensables.

Dans une culture de leadership, chacun est encouragé à exprimer ses **idées** et **visions** ouvertement et librement. Ils ne sont pas réprimés lorsque leur opinion diffère de celle de leur supérieur hiérarchique. Ils ne sont pas catégorisés dans des courbes gaussiennes subjectives.

En résumé, si le succès d'un leader repose sur la puissance de sa personnalité, son travail n'est qu' à moitié accompli.

De nos jours, il y a un **besoin croissant de leadership authentique et conscient**. Cela inclut la façon dont nous nous dirigeons nous-mêmes, nos familles, nos équipes et nos entreprises. Pour accomplir davantage dans le monde, nous devons d'abord développer, évoluer et élargir notre **conscience** à titre personnel.

## Les besoins humains

Il existe de nombreuses théories visant à expliquer pourquoi nous faisons ce que nous faisons. La plus simple et la plus puissante que je connaisse, et que j'utilise personnellement dans ma pratique de coaching, est l'approche des six besoins humains de **Tony Robbins**.

Elle aide également à mieux comprendre nos **émotions** pour de meilleures relations et donc une meilleure qualité de vie. En effet, les émotions sont ce qui vous pousse à l'action, d'où leur nom (énergie en mouvement, E-motion).

Globalement, nous cherchons tous à nous rapprocher du **plaisir** et à nous éloigner de la **douleur**.

Selon **Tony Robbins**, il existe 6 besoins humains universels que vous devez absolument satisfaire pour atteindre cet objectif :

- le besoin de **certitude** : l'assurance d'éviter la douleur et d'obtenir du plaisir (d'autres noms peuvent être utilisés tels que la routine, la sécurité, le contrôle)
- le besoin d'**incertitude** : le besoin de l'inconnu, du changement, de la variété, de nouveaux stimuli
- le besoin d'**importance** : le besoin de se sentir unique, important, spécial, ou nécessaire
- le besoin d'**amour** et de **connexion** : le besoin d'un fort sentiment de proximité ou de lien avec quelqu'un ou quelque chose

- le besoin de **croissance** : le besoin d'expansion des capacités, des compétences, ou de la compréhension, et
- le besoin de **contribution** : le besoin d'avoir un sentiment de service et de se concentrer sur l'aide, le don, et le soutien aux autres.

Lorsque vos besoins ne sont pas satisfaits, vous éprouvez des émotions désagréables :

- l'**anxiété** si vous manquez de certitude
- l'**ennui** si vous manquez de variété
- une **faible estime de soi** ou le **mépris des autres** si vous manquez de signification
- la **solitude** si vous manquez d'amour et de connexion
- la **frustration** si vous manquez de croissance et
- le **vide** ou le **manque de sens** si vous manquez de contribution.

Les humains sont ingénieux et peuvent trouver de nombreux moyens (**véhicules**) pour satisfaire leurs besoins ; certains sont sains, d'autres non, car nous recherchons souvent une gratification immédiate au lieu de penser à long terme.

Prenez l'importance, par exemple : vous pouvez vous sentir important en parlant constamment de vous-même ou en rabaissant les autres, ou vous pouvez satisfaire ce besoin en vous développant et en apportant de la valeur aux autres.

Le besoin de connexion peut être satisfait en créant des relations significatives et en aidant les autres, ou en fumant, en buvant, ou en mangeant trop (connexion avec soi-même).

En réalité, les choses sont souvent beaucoup plus nuancées, mais vous voyez ce que je veux dire.

Ces véhicules devraient idéalement être liés à vos **valeurs**. Celles-ci sont des jugements fondamentaux d'ordre éthique, moral, ou pratique que vous avez sur ce qui compte vraiment pour vous, ce qui est précieux en essence. Elles constituent un ensemble de **croyances** sur ce que vous considérez comme juste ou faux dans votre vie, et les raisons que vous vous donnez pour croire que la vie vaut la peine d'être vécue. De nombreuses personnes n'ont pas une idée claire de ce qui est important pour elles. En revanche, celles qui réussissent ont toujours une **vision très**

**claire** de ce qu'elles considèrent comme important.

Une fois que les véhicules sont identifiés, il est intéressant de réfléchir aux **règles** à suivre. Supposons que vous souhaitiez nourrir votre besoin de croissance en développant votre entreprise (votre véhicule). De quoi avez-vous besoin pour être satisfait : 10 % de clients en plus ? 1000 % de plus ? Plus vos règles sont strictes, plus il vous sera difficile de réussir. Une manière saine de procéder est donc **d'élever la barre progressivement** de plus en plus haut au lieu de vous concentrer uniquement sur des objectifs inatteignables.

Maintenant que vous connaissez les 6 besoins humains et les émotions que vous ressentez lorsqu'ils ne sont pas satisfaits, vous avez probablement identifié les 2 besoins qui sont les plus importants pour vous. Ces 2 besoins principaux déterminent la qualité de votre vie. Si vous accordez plus d'importance à la certitude qu'à tout autre chose, votre vie sera complètement différente que si vous donnez la priorité à l'amour.

Nous devons tous nourrir ces six besoins, et tous sont importants, mais le classement compte davantage en termes de joie et d'accomplissement. Donc, si vous voulez changer votre vie, concentrez-vous davantage sur l'amour, la croissance, et la contribution.

Si vous êtes en **couple**, essayez de satisfaire vos besoins et ceux de votre partenaire en fonction des véhicules et des règles respectives de chacun. Gardez également à l'esprit que vous êtes responsable de la satisfaction de vos propres besoins et que vous ne devez pas simplement attendre que l'autre personne le fasse pour vous.

## Vivre selon ses valeurs

Il existe deux types de valeurs : les **valeurs de rapprochement** et les **valeurs d'évitement** (ou anti-valeurs, pour le dire autrement).

Les premières nous orientent vers le **plaisir**, tandis que les secondes nous éloignent de la **douleur**, le plaisir et la douleur étant les principales forces motrices des êtres humains, comme mentionné précédemment.

Les deux types de valeurs sont cruciaux, car nous aspirons tous à éviter la douleur et à rechercher le plaisir. L'un sans l'autre compromettra inévitablement notre épanouissement.

Au sein d'une organisation, les valeurs de rapprochement vous aideront à concrétiser votre vision à travers votre mission. Les valeurs d'évitement vous aideront à définir ce qui ne sera pas acceptable en termes d'attitudes et de comportements.

Il faut aussi distinguer les **valeurs instrumentales** des **valeurs intrinsèques** (ou fondamentales). Les valeurs instrumentales sont un moyen pour atteindre un objectif (comme la richesse, par exemple), tandis que les valeurs intrinsèques sont une fin en soi (comme le bonheur). Les valeurs instrumentales sont donc celles que nous adoptons, souvent de manière temporaire, afin d'atteindre quelque chose pour soutenir nos valeurs intrinsèques.

Être capable de faire la distinction entre les deux est essentiel pour clarifier et prioriser les valeurs qui nous mèneront à nos objectifs sans un conflit de valeurs qui peut survenir lorsque les valeurs instrumentales produisent des actions non alignées sur les valeurs intrinsèques.

Aligner et concilier les valeurs aux besoins est un élément crucial du leadership.

## Auto- & méta-leadership

Vous êtes la personne la plus importante dans votre vie. Votre leadership commence donc par **vous-même**.

L'auto-leadership est profondément liée à la maîtrise de soi et à la capacité de lâcher prise. Gardez à l'esprit que les résultats que vous obtenez dépendent toujours de la manière dont vous vous sentez (votre **énergie**), de la manière dont vous pensez (votre **mindset**) et de la manière dont vous agissez (votre **performance**).

Apprenez à maîtriser ces trois piliers et votre auto-leadership augmentera considérablement. Pour plus d'informations, référez-vous à mon livre précédent intitulé *Quand l'impossible devient possible — la voie de la maîtrise de soi et du lâcher-prise*, disponible sur Amazon.

Le **méta-leadership** est la capacité de diriger et développer d'autres leaders en les inspirant à partager une passion et un objectif communs. Il repose sur la vision d'un avenir radieux, un engagement envers cette vision, l'éveil de celle-ci chez les autres et un travail commun pour la concrétiser.

Par conséquent, le méta-leadership découle de l'**inspiration** et de l'**engagement**, plutôt que du pouvoir et du contrôle.

## Méta-objectifs

Selon la modélisation des entreprises à succès de **Robert Dilts**, il existe 5 méta-objectifs des entrepreneurs et leaders de la prochaine génération qui s'alignent parfaitement avec la **RSE** :

- grandir personnellement et spirituellement
- contribuer à la société et à l'environnement
- construire une entreprise et une carrière durables
- soutenir son bien-être émotionnel et physique et celui des autres
- partager la vision et les ressources avec une communauté de pairs, créant de nouvelles

possibilités.

Les 4 **objectifs du méta-leadership** pour atteindre ces 5 méta-objectifs sont donc :

- atteindre des résultats
- promouvoir le changement
- développer des résultats
- réaliser des valeurs.

Le méta-leader devrait donc présenter des qualités telles que **l'authenticité**, **l'intelligence émotionnelle**, le **sens de l'objectif** et la **responsabilité**.

Les 7 stratégies des génies à succès (toujours selon le travail de modélisation de **Robert Dilts**) contribueront grandement au méta-leadership :

- formuler et communiquer une **vision** claire et significative pour l'avenir
- maintenir un **focus** sur un objectif supérieur
- influencer par l'inspiration
- équilibrer l'**intérêt personnel** et le **bien commun**, en soi-même et chez les autres
- respecter et intégrer plusieurs **perspectives**
- pratiquer la **congruence** - diriger par

l'exemple (mettre ses paroles en pratique)
- exercer un **auto-leadership conscient** et réfléchir attentivement aux leçons tirées de l'expérience.

Le méta-leadership encourage les autres membres de l'équipe à devenir et être des leaders, proactifs et prêts à prendre des responsabilités et des initiatives. En revanche, il ne consiste pas à contrôler constamment les autres et à leur dire quoi faire.

Le méta-leadership habilite les personnes à agir rapidement et de manière flexible, ce qui ne peut se produire qu'avec une culture et une structure d'entreprise appropriées, qui seront discutées dans les chapitres suivants.

**L'autonomisation** (*empowerment* en anglais) est également directement liée à la qualité de la formation et de l'entraînement que vous offrirez aux membres de vos équipes.

## *Résumé du chapitre 2*

*Le facteur de succès numéro un faisant la différence entre les bonnes entreprises et les excellentes est la personnalité du leader.*

*Il existe un besoin croissant de leadership authentique et conscient dans le monde. L'alignement des besoins - la force motrice expliquant pourquoi nous faisons ce que nous faisons - et des valeurs est bénéfique pour une culture du leadership.*

*Le leadership commence par soi-même. L'auto-leadership est profondément lié à la maîtrise de soi et à la capacité à lâcher prise. Le méta-leadership est la capacité à diriger et développer d'autres leaders en les inspirant à partager une passion et un objectif communs. Il repose sur la vision d'un avenir radieux, un engagement envers cette vision, l'éveil de celle-ci chez les autres et un travail commun pour la concrétiser.*

*Le méta-leadership résulte de l'inspiration et de l'engagement, plutôt que du pouvoir et du contrôle. Il habilite les personnes à agir rapidement et de manière flexible, ce qui ne peut se produire qu'avec une culture et une structure d'entreprise appropriées.*

*Les méta-objectifs et les stratégies de réussite contribuent au méta-leadership.*

# 3 - EMPOWERMENT

*"De meilleures personnes font de meilleurs All Blacks."*

*- Graham Henry*

Selon le dictionnaire anglais de Google, l'*empowerment* ou **autonomisation** est à la fois l'autorité ou le pouvoir donné à quelqu'un pour faire quelque chose, et le processus de devenir plus fort et plus confiant, en particulier pour contrôler sa vie et revendiquer ses droits.

Créer d'autres leaders autonomes (et pas seulement des suiveurs obéissants) est essentiel pour atteindre une performance efficace et, ultimement, la survie d'une organisation, surtout dans un environnement de plus en plus interconnecté et rapide.

Dans son livre *Une stratégie d'équipes*, le général **Stanley McChrystal** souligne l'importance de donner cette autorité aux membres de l'équipe lorsqu'une rapidité d'action est nécessaire.

Lorsqu'il prit le commandement de la *Joint Task Force* en Irak en 2003 pour lutter contre AQI (Al-Qaïda en Irak), **McChrystal** a rapidement réalisé que les tactiques militaires conventionnelles n'étaient plus adéquates et qu'il devait par conséquent adapter son style de leadership. Suivre la chaîne de commandement était devenu trop lent. Il prit alors la décision de transférer en partie son pouvoir décisionnel (*empowerment*) aux soldats sur le terrain pour qu'ils puissent agir directement, car la rapidité d'action était devenue cruciale pour le succès de leur mission.

Maintenant, soyons très clairs: l'autonomisation ne fonctionne que si les personnes autonomisées ont les **compétences nécessaires** pour prendre la décision et/ou accomplir la tâche.

Une **formation** et un **coaching** adéquats sont donc essentiels pour le succès. De manière intéressante, le pourcentage de formation et surtout d'**entraînement** est généralement assez bas dans le monde de l'entreprise, comparé au sport ou à l'armée. Intéressant, n'est-ce pas ? Discutons-en plus en détails ci-dessous.

## La pratique délibérée

La meilleure illustration que je connaisse de la pratique délibérée est l'histoire de la Navy Fighter Weapons School, popularisée par le film Top Gun avec **Tom Cruise**.

Pendant la guerre du Vietnam, les performances des pilotes américains étaient tombées à 1 avion ennemi abattu pour chaque avion américain abattu, ce qui n'était pas très rentable, ni en termes de vies humaines ni financièrement (au vu du coût d'un avion de chasse). Les Américains ont alors mis en œuvre la pratique délibérée, ce qui a entraîné un ratio de 12 avions ennemis abattus pour chaque avion américain entre 1970 et 1973. Au cours des 7 mois de la première guerre du Golfe, les pilotes américains ont abattu 33 avions ennemis, ne perdant qu'un seul avion au cours de l'opération, ce qui en fait probablement la performance la plus frappante de l'histoire du combat aérien.

Mais en quoi consiste cette célèbre pratique délibérée, me direz-vous ? Tout d'abord, elle implique la sélection d'**experts reconnus** dans leur domaine (ici, des pilotes vétérans chevronnés) et de mettre les apprentis (qui ont également subi un processus de sélection) dans des conditions aussi proches que possible de la **réalité du terrain**. Ensuite, chaque session pratique est suivie d'un **débriefing** qui met en lumière les comportements qui ont bien fonctionné et ceux qui doivent être améliorés. Progressivement, les étudiants acquièrent à la fois **compétences** et **confiance**, ce qui est très bien illustré dans le film.

La pratique délibérée est la clé du succès des champions du monde dans divers domaines tels que les échecs, la musique et le sport.

Le nombre d'heures de pratique, en d'autres termes, d'entraînement, est évidemment important, mais c'est surtout sa **qualité** qui fera la différence.

## Développement des habitudes et compétences

Quels que soient vos objectifs ou les principes et stratégies que vous souhaitez appliquer, ils ne se concrétiseront que si vous mettez en place les habitudes correspondantes. Par habitude, j'entends un comportement qui a été suffisamment répété que pour devenir **automatique**.

C'est à vous d'établir de meilleures habitudes jour après jour, semaine après semaine, mois après mois, année après année.

Ce qui est fantastique, c'est que nos habitudes sont un peu comme des **applications mobiles**; nous pouvons les supprimer, les mettre à jour ou même en télécharger de nouvelles.

Si vous voulez améliorer votre vie ou votre entreprise, vous devez améliorer vos habitudes... constamment. Cela nous ramène à la notion d'**entraînement**. C'est ainsi que vous gagnerez progressivement et exponentiellement en efficacité et en productivité dans les domaines qui vous tiennent vraiment à cœur.

Pour **gagner du temps**, vous pouvez évidemment vous inspirer des habitudes des personnes qui ont réussi, surtout si elles ont déjà accompli ce que vous voulez réaliser.

Voici quelques points importants pour vous aider :

- passez en **mode découverte**

C'est un peu comme explorer la boutique d'applications sur votre smartphone ou votre tablette. Vous pourriez découvrir une application à laquelle vous n'aviez pas pensé mais qui vous sera particulièrement utile.

- **actualisez** régulièrement vos habitudes

Mettez à jour vos "applications", par exemple, une fois par mois, par trimestre ou par an.

- établissez un système pour **mesurer** l'efficacité de vos habitudes

Vous saurez ainsi lesquelles sont les plus efficaces et/ou les mieux adaptées à vous.

- soyez clair sur vos **limites**

Par exemple, quel est le poids maximal que vous êtes prêt à atteindre ? Combien de jours consécutifs sans exercice souhaitez-vous tolérer ?

- **ajustez** ce qui doit l'être en fonction des résultats obtenus et de vos conditions de vie

Vous pouvez, par exemple, accepter de baisser certains critères si vous avez à faire face à plus de défis ou de charge de travail temporairement. Même le champion du monde de Formule 1 ne conduit pas constamment à la vitesse maximale. L'adaptation est cruciale !

Mais comment établir concrètement une meilleure habitude ? Selon **James Clear**, cela implique l'utilisation d'un modèle en **4 étapes** : le déclencheur, l'envie, la réponse et la récompense.

- le **déclencheur** stimule votre système nerveux pour initier un comportement afin d'obtenir une récompense.
- l'**envie** est la motivation derrière chaque habitude. Sans motivation ou désir, vous n'avez aucune raison d'agir. Les envies diffèrent d'une personne à l'autre et ne sont pas déclenchées par les mêmes signaux pour tout le monde. La discipline personnelle intervient également à ce stade.
- la **réponse** est l'habitude elle-même, qui peut prendre la forme d'une pensée ou d'une action. Elle ne se produit que si vous êtes suffisamment motivé et si vous rencontrez peu de friction. La réponse dépend également de vos compétences (voir ci-dessous).
- la **récompense** est l'objectif ultime de chaque habitude, satisfaire vos envies et vous

enseigner ce qui fonctionne le mieux.

Pour établir une **nouvelle habitude**, il est idéal d'agir simultanément sur chacune de ces étapes, en faisant en sorte que l'action soit à la fois :

- **évidente** (pour favoriser le déclencheur),
- **attrayante** (pour créer l'envie),
- **facile** à accomplir (pour fournir une réponse), et
- **agréable** (pour ressentir une récompense).

Inversement, pour vous débarrasser d'une **mauvaise habitude**, vous devrez faire en sorte qu'elle soit à la fois :

- aussi **invisible** que possible (pour éviter le déclencheur),
- **peu attrayante** (pour diminuer l'envie),
- **difficile** (pour interférer avec la réponse), et
- **désagréable** (afin qu'il n'y ait pas de récompense).

Selon divers auteurs, la durée d'établissement d'une nouvelle habitude prend en moyenne 66 jours (entre 18 et 254 jours) selon l'habitude à établir. Elle peut donc être très rapide.

N'oubliez pas qu'un peu vaut mieux que rien et optez pour la **progressivité**. Assurez-vous donc que votre nouvelle habitude ne prenne pas plus de 2 minutes au début pour qu'elle soit très facile à mettre en place. Par exemple, "lire avant de dormir" sera d'abord "lire une page". Vous pouvez ensuite augmenter la durée.

Je conclurai cette section par **3 conseils** additionnels pour garantir la création de nouvelles habitudes :

- **empilez**-les sur d'autres habitudes existantes,
- **adaptez**-les à votre environnement (et vice versa),
- suivez-les et **mesurez**-les.

Quels que soient les habitudes que nous mettons en place pour atteindre nos rêves, elles ne seront efficaces que si nous sommes compétents dans leur mise en œuvre. Selon **Robert B. Dilts** et **Mickey A. Feher**, nos compétences sont généralement évaluées en fonction de trois dimensions :

- si nous apprécions ou non l'action,
- si nous la faisons bien, et
- si nous y consacrons du temps.

Si vous cochez toutes les cases, et que vos actions sont en accord avec votre passion, votre mission et votre ambition, alors vous êtes dans votre **zone de génie**. C'est ce que vous devriez viser.

Si vous cochez toutes les cases, mais que vos actions ne sont pas entièrement en accord avec vos passion, mission et ambition, alors vous êtes dans votre **zone d'excellence**. Si vous n'y consacrez pas de temps, vous êtes dans une zone d'excellence inexploitée.

Si vous faites bien l'activité et y consacrez du temps, mais ne l'appréciez pas, vous êtes dans votre **zone de compétence**. Si vous n'y consacrez pas de temps, vous êtes dans une zone de compétence inexploitée.

Si vous appréciez l'activité, y consacrez du temps, mais n'êtes pas particulièrement doué pour cela, c'est plus un **passe-temps** pour vous. Si vous appréciez l'activité mais n'êtes pas particulièrement doué pour cela et n'y consacrez pas beaucoup de temps, c'est un **intérêt**.

Si vous consacrez du temps à quelque chose que vous n'appréciez ni ne maîtrisez, vous êtes dans votre **zone**

**d'incompétence**.

Si vous ne cochez aucune des cases, l'activité sera pour vous une **perte de temps**.

Gardez à l'esprit que ces trois dimensions sont **interconnectées**; plus vous appréciez quelque chose, plus vous êtes susceptible d'y consacrer du temps et de devenir bon (si vous appliquez une pratique délibérée). Et plus vous y consacrez du temps et devenez bon, plus vous aurez probablement du plaisir à le faire. Par conséquent, il peut être utile de s'entraîner pour devenir meilleur et de planifier du temps de pratique pour progresser (la constance avant la quantité).

Nous éprouvons une **motivation maximale** lorsque nous travaillons sur des tâches qui sont à la limite de nos capacités actuelles. Ni trop faciles. Ni trop difficiles. Juste bien.

## Feedback intelligent

Dans *Le nouveau manager minute*, **Ken Blanchard** et **Spencer Johnson** partagent deux conseils essentiels pour soutenir la pratique délibérée avec un feedback (ou retour d'information) approprié.

Lors de la définition ou de la poursuite d'objectifs clairs, les personnes peuvent en effet **réussir** ou **échouer**.

L'idée est de les aider à atteindre leur **plein potentiel** en les félicitant lorsqu'elles font quelque chose de bien. En d'autres termes, il s'agit de donner des éloges autant que possible lorsqu'elles réussissent, surtout lorsqu'elles commencent un nouvel emploi ou un nouveau projet. Les éloges appropriés aident les personnes à gagner en confiance et, par conséquent, à prendre davantage d'initiatives lorsque la rapidité d'action ou l'innovation sont nécessaires. Le côté magique de la chose est que cela peut se faire en une minute selon le processus suivant:

- 30 secondes pour féliciter la personne en étant spécifique sur ce qu'elle a bien fait en

mentionnant comment cela vous a fait sentir,
- une courte pause pour permettre à la personne de se sentir bien par rapport à son action,
- le reste de la minute pour l'encourager à continuer et souligner votre confiance en elle.

Lorsque les personnes échouent ou font quelque chose de mal et doivent se remettre sur la bonne voie pour atteindre leurs objectifs, elles doivent être réorientées dès que possible. Le processus est également assez simple:

- revoyez les faits en étant très spécifique,
- mentionnez comment vous vous sentez et quel pourrait être l'impact sur les résultats,
- faites une pause de quelques secondes pour laisser la réflexion s'opérer,
- rappelez que vous lui faites confiance et valorisez votre employé, et
- réalisez que lorsque la redirection est terminée, c'est fini (ne remettez pas continuellement le problème sur le tapis).

En bref, lorsque les membres de votre équipe réussissent, vous les félicitez pour qu'ils continuent à réussir. Lorsqu'ils échouent, vous les réorientez pour qu'ils continuent avec de meilleures performances. Dans les deux cas, vous **gagnez**.

## Pourquoi le talent est surestimé

De nos jours, on entend beaucoup parler de la **pénurie de talents**. Mais qu'est-ce que le talent et est-ce vraiment le facteur clé ?

La psychologue américaine **Carol S. Dweck** a consacré sa carrière à l'étude du mindset, qu'elle différencie entre un mindset fixe et un mindset de croissance. Dans son livre *Osez réussir: changez d'état d'esprit*, elle explique, avec de nombreux exemples tirés de ses recherches, des anecdotes de la vie quotidienne et des éléments biographiques de personnalités célèbres, comment le fait d'avoir un mindset orienté vers l'apprentissage et l'amélioration continue (un **mindset de croissance**) conduit à une vie beaucoup plus riche en termes de succès et d'épanouissement dans tous les domaines (éducation, relations sociales et romantiques, sports, affaires).

Pensez-vous que votre intelligence soit une caractéristique innée que vous ne pouvez pas vraiment changer ? Croyez-vous que vous ne pouvez pas modifier des composants essentiels de votre personnalité ? Si vous avez répondu oui, vous avez très probablement un **mindset fixe**. Si, au contraire, vous croyez que, quel que soit votre niveau d'intelligence, vous pouvez l'améliorer et changer certains aspects de votre personnalité, alors vous avez définitivement un **mindset de croissance**.

**Michael Jordan** n'était pas un athlète né, mais l'un des travailleurs les plus acharnés de l'histoire du sport. Il a été écarté de son équipe de basketball de lycée, non recruté par l'Université de Caroline du Nord, son école de rêve, et non sélectionné par les deux premières équipes de la NBA qui auraient pu le choisir. Quand il a été écarté de l'équipe de lycée, il était dévasté. Mais il prit l'habitude de quitter sa maison à 6 heures du matin pour s'entraîner avant l'école. À l'Université de Caroline du Nord, il travaillait constamment sur ses faiblesses. Même au sommet de sa gloire, son entraînement incessant était légendaire. Pour lui, le succès vient du mindset. Les champions ne naissent pas, ils se construisent.

Bien sûr, nous avons tous les deux mindsets, peut-être un plus que l'autre, et peut-être différemment selon les domaines de notre vie (santé, finances, amour, travail...).

Les compétences et le talent seuls ne suffisent pas. La chose la plus importante pour faire face et surmonter les défis est de les aborder avec un mindset de croissance.

Ainsi, lors de la constitution de votre équipe, pensez au-delà d'un curriculum vitae et évaluez autant que possible le **potentiel individuel**, puis investissez en eux grâce à des plans de développement, de formation et d'**entraînement** appropriés, incluant la pratique délibérée.

## Mitiger les risques

L'autonomisation (*empowerment*) peut parfois aller trop loin lorsque les personnes ne sont ni suffisamment formées ni soutenues. Cela peut conduire à l'épuisement, au burn-out, voire à des résultats dramatiques tels que des massacres de civils en zones de guerre.

La meilleure façon de mitiger les risques est de veiller à ce qu'une **gouvernance** solide soit en place et disponible avant tout problème potentiel si possible, et après dans tous les cas. Cela vous permettra d'assumer la responsabilité de ce qui s'est passé et de faire face aux conséquences du mieux que vous pouvez, ainsi que d'éviter toute récurrence en tirant des enseignements de vos erreurs.

Dans des environnements et/ou organisations complexes, je recommande une **gouvernance transversale** qui assurera à la fois une prise de décision efficace et une fertilisation croisée entre les parties prenantes clés. Nous approfondirons ce sujet plus tard.

## Résumé du chapitre 3

Créer d'autres leaders autonomisés (et pas seulement des suiveurs obéissants) est essentiel pour obtenir des performances efficaces dans un environnement de plus en plus interconnecté et rapide.

Le pourcentage d'entraînement est généralement assez faible dans le monde de l'entreprise, en comparaison avec le sport ou l'armée.

La pratique délibérée permet le développement approprié d'habitudes et de compétences nécessaires pour une autonomisation efficace.

Le feedback intelligent est essentiel. Lorsque les membres de l'équipe réussissent, vous les félicitez afin qu'ils continuent sur la voie du succès. Lorsqu'ils échouent, vous les redirigez afin qu'ils poursuivent avec de meilleures performances. Dans les deux cas, vous gagnez.

Le mindset de croissance surpasse le talent.

Une gouvernance transversale vous aidera à diminuer les risques liés à l'autonomisation.

# 4 – TRAVAIL D'ÉQUIPE GÉNÉRATIF

*"L'ensemble est plus grand que la somme de ses parties."*

*- Aristote*

# Intelligence collective

L'intelligence collective est une intelligence partagée qui émerge de la **collaboration** et de la **communication** entre les individus au sein d'équipes, de groupes ou d'organisations.

Ses principaux **avantages** sont les suivants :

- des décisions plus judicieuses,
- de nouvelles idées et des solutions créatives et
- des performances améliorées.

L'intelligence collective est une conséquence du **travail coopératif** des individus visant à atteindre des visions et des ambitions communes en échangeant constamment des **informations** et des **idées**, et en complétant et synergisant les **compétences**, l'**expérience** et l'**imagination** des uns et des autres.

Par conséquent, un travail d'équipe réussi implique des **interactions gagnant-gagnant** où tout le monde bénéficie d'une manière ou d'une autre et où l'ensemble est plus grand que la somme de ses parties. Les interactions gagnant-gagnant créent une boucle de rétroaction auto-renforçante positive qui entraîne **coévolution** et **croissance**.

Selon le travail de **Robert Dilts** sur la modélisation des organisations à succès, l'intelligence collective est produite par trois dynamiques fondamentales: la résonance, la synergie et l'émergence.

La **résonance** désigne une forme d'influence mutuelle entre des entités, qu'il s'agisse d'objets, de systèmes ou de personnes, où celles-ci sont particulièrement accordées et présentent des vibrations plus fortes à des fréquences spécifiques. Dans la dynamique de groupe, la résonance se produit lorsque les membres ressentent un **alignement profond** et une **connexion avec les idées, les valeurs et les objectifs** de leurs collègues de groupe. La résonance intellectuelle et émotionnelle joue un rôle crucial dans le renforcement de la motivation et de la synergie au sein d'un groupe.

La **synergie** se produit lorsque deux ou plusieurs choses fonctionnent ensemble pour produire un résultat qui n'est pas atteignable indépendamment par chacune d'entre elles. Il s'agit de la capacité d'une équipe, d'un groupe ou d'une organisation à **surpasser même son meilleur membre individuel** et à produire de meilleurs résultats que si chaque membre travaillait individuellement.

L'**émergence** se produit lorsque quelque chose de nouveau émerge des interactions entre différents éléments d'un système. Une émergence robuste se produit lorsque les résultats du comportement collectif ne peuvent pas être directement attribués aux composants individuels mais plutôt à leurs **interactions complexes**. Dans de tels cas, l'ensemble devient nettement plus grand que la simple somme de ses parties. L'émergence sert de lentille paradigmatique, explorant des phénomènes allant de la beauté complexe d'un flocon de neige à la structure organisationnelle des colonies de fourmis et aux dynamiques des marchés économiques.

Le **principe fondamental** de l'émergence est **1+1=3**, ce qui est caractéristique d'un groupe performant. En revanche, la performance dans un groupe sous-performant est de 1+1<2 et celle dans un groupe moyen est de 1+1=2.

## Dynamique d'équipe

Une bonne dynamique d'équipe implique l'intégration de compétences et de traits personnels différents de manière à ce que chaque membre de l'équipe soit **clair sur le but, les rôles, les responsabilités, ainsi que sur les principes de fonctionnement** de l'équipe.

Avec une bonne dynamique d'équipe, même un **petit nombre de personnes** ayant des compétences complémentaires, un objectif commun, une responsabilité mutuelle et une responsabilité collective peuvent obtenir des résultats remarquables.

Dans son livre *Collaboration générative*, **Robert Dilts** partage l'exemple d'une équipe de 20 personnes qui a surpassé une équipe de 1000 individus pour développer un produit destiné à un segment très important du marché des télécommunications.

L'équipe de 1000 personnes opérait en **silos** largement isolés les uns des autres, où les différents membres de l'équipe se contentaient de travailler pour accomplir la tâche qui leur avait été assignée par le chef de projet, qui considérait les personnes essentiellement comme des pièces d'une machine ou d'un programme informatique.

Au contraire, l'équipe plus petite était dirigée par un **leader passionné** par la vision du projet et qui partageait cette passion avec son équipe. Ce méta-leader opérait beaucoup plus comme un **chef d'orchestre** de l'innovation et encourageait l'équipe à être en communication et en interaction constantes, se défiant mutuellement, se stimulant et se soutenant pour être et donner le meilleur d'eux-mêmes, penser de manière novatrice et viser l'excellence dans tout ce qu'ils faisaient. Ils ont pu atteindre un niveau élevé de collaboration générative, se stimulant et se soutenant mutuellement pour créer quelque chose d'inédit.

Une leçon similaire peut être tirée de l'histoire et en particulier de la **bataille de Midway**. Au début du mois de juin 1942, une énorme flotte japonaise sous le commandement de l'amiral **Isoroku Yamamoto** se dirigeait vers les îles Midway dans le Pacifique central pour les sécuriser et établir une base de lancement pour envahir Hawaï.

Bien que surpassées en nombre de plus de 18 contre

1, les forces américaines sous le commandement de l'amiral **Chester W. Nimitz** ont remporté la bataille grâce à leur capacité de dynamique d'équipe.

La différence qui a fait la différence est que **Nimitz** n'a fait aucune tentative pour diriger la bataille, mais a plutôt établi des règles simples de communication entre les pilotes de chasse :

- garder tous les canaux radio ouverts avec les autres avions,
- écouter mais ne rien dire à moins
  - d'être attaqué par des chasseurs ennemis,
  - d'être en position d'attaquer un navire ennemi.

En rendant les règles simples et claires, **Nimitz** a autonomisé ses pilotes et généré des dynamiques puissantes et auto-organisatrices parmi les avions américains.

Similaire à l'exemple ci-dessus de l'équipe de 20 personnes, la bataille de Midway n'a pas été remportée par l'assemblage d'une force supérieure, mais par un brillant méta-leader qui a autonomisé les membres de son équipe et favorisé une bonne dynamique d'équipe par la confiance et la liberté d'opérer avec des règles claires et simples.

Pour résumer, les équipes se forment le long des dimensions

- des **relations** (personnes entre elles) et
- de la **tâche** (leur travail ou activité).

Le développement d'une bonne dynamique d'équipe implique donc de faciliter ces deux aspects, à savoir respectivement

- encourager ou renforcer les relations et
- définir et clarifier les tâches, ainsi que les compétences et actions nécessaires pour accomplir ces tâches.

## Sécurité psychologique

À mesure que les activités des organisations deviennent de plus en plus complexes et mondiales, la réussite dépend donc de plus en plus du travail d'équipe.

Google a également réalisé que l'analyse et l'amélioration des travailleurs individuels, appelée optimisation de la performance des employés, n'étaient pas suffisantes. En conséquence, ils se sont concentrés sur la construction de l'**équipe parfaite**. Ils ont examiné 180 équipes de l'ensemble de l'entreprise, collectant et analysant de nombreuses données. Rien ne montrait que l'aspect *qui* de l'équation était importante. Au lieu de cela, ils ont identifié deux caractéristiques que toutes les bonnes équipes semblaient partager.

Premièrement, les membres s'exprimaient en proportions approximativement égales, c'est-à-dire que chaque personne avait **une chance égale de contribuer**. Tant que tout le monde avait la possibilité de s'exprimer, l'équipe réussissait. Mais si une personne ou un petit groupe parlait tout le temps, l'intelligence collective diminuait.

Deuxièmement, les membres des bonnes équipes avaient tous un degré élevé de **sensibilité sociale**, c'est-à-dire qu'ils étaient doués pour percevoir comment les autres se sentaient en fonction de leur ton de voix, de leurs expressions faciales et d'autres signaux non verbaux. Cette capacité est une expression d'**empathie** et d'**intelligence émotionnelle**. Elle est également liée à la capacité de prendre le point de vue de quelqu'un d'autre.

La combinaison de ces deux traits produit ce que l'on appelle la **sécurité psychologique**, un sentiment de confiance que l'équipe n'humiliera pas, ne rejettera pas et ne punira pas quelqu'un qui s'exprime. Elle décrit un climat d'équipe caractérisé par la **confiance** et le **respect mutuels**, où les personnes se sentent à l'aise d'être elles-mêmes.

Selon les données de Google, la sécurité psychologique, plus que tout autre chose, était cruciale pour faire fonctionner une équipe. La sécurité psychologique est également favorisée par une forme d'authenticité où les personnes peuvent partager ce qu'elles pensent et ressentent réellement voire révéler des informations intimes sur elles-mêmes.

Un autre facteur qui émergea de l'étude de Google est l'importance de la **signification de la tâche** perçue. Dans les équipes efficaces, les membres du groupe savaient que leur travail s'inscrivait dans la mission plus vaste de Google. La signification de la tâche est le résultat de la **prise de conscience** et de la **compréhension** de la mesure dans laquelle les résultats d'une personne affectent l'organisation. Plus ils sont grands, plus l'impact sur les résultats est élevé.

Par conséquent, la combinaison de la **sécurité psychologique** et de la **signification de la tâche** permet aux membres de l'équipe d'être à la fois des entités distinctes et de faire partie de quelque chose de plus grand.

## Engagement total

Selon l'auteur à succès du New York Times, **Shirzad Chamine**, seuls 20 % des individus et des équipes atteignent leur plein potentiel.

Pourquoi les résolutions du Nouvel An sont-elles souvent oubliées après quelques semaines ? Pourquoi les personnes qui veulent perdre du poids s'engagent-elles dans des régimes yo-yo ? Pourquoi abandonnons-nous si rapidement ce que nous apprenons lors de formations ?

C'est parce que **nous nous sabordons inconsciemment**. La conséquence n'est pas seulement une incidence sur l'expression de notre potentiel, mais aussi une perte considérable de temps et d'énergie.

Notre **juge intérieur** est notre plus grand saboteur, d'autant plus que nous sommes rarement pleinement conscients de son existence et de son importance.

Juger ou critiquer les autres, les conditions externes ou vous-même (ou les trois) est probablement la **stratégie d'échec** la plus importante qui impacte à la fois notre motivation et notre engagement total. Elle entre souvent en jeu lorsque vous ne vous sentez pas heureux, c'est-à-dire lorsque vos conditions de vie actuelles ne sont pas alignées sur votre idéal. Il sera beaucoup plus rentable de prendre la responsabilité et d'agir là où vous le pouvez, et de laisser aller là où vous ne pouvez pas agir.

Dans son livre *Positive Intelligence*, **Chamine** décrit 9 saboteurs complices :

- l'éviteur,
- le contrôlant,
- l'hyper-performant,
- l'hyper-rationnel,
- l'hyper-vigilant,
- le fait-plaisir,
- l'agité,
- le rigide et
- la victime.

Ces saboteurs sont **universels** car ils sont en lien avec des zones de notre cerveau liées à notre survie. Nous les développons dans la petite enfance pour survivre aux menaces physiques et émotionnelles que nous percevons à ce moment-là, à travers nos yeux d'enfant. Ils ne nous sont plus utiles en tant qu'adultes, bien qu'ils restent présents sans que nous le sachions. Vous pouvez identifier les plus importants pour vous sur le site web :

https://www.positiveintelligence.com/saboteurs.

**Chamine** identifie également **5 sages** en particulier pour servir d'antidotes:

- l'**empathique** (compassion et compréhension envers les autres et vous-même),
- l'**explorateur** (curiosité et ouverture d'esprit),
- l'**innovateur** (nouvelles perspectives et solutions),
- le **navigateur** (le chemin le plus aligné avec vos valeurs et votre mission), et
- l'**activateur** (passage à l'action sans perturbation par les saboteurs).

Suivre un plan d'**entraînement de fitness mental** qui vous aidera à réduire votre auto-sabotage, ainsi que celui des membres de votre équipe, est l'un de mes principaux conseils pour atteindre le niveau supérieur.

*Résumé du chapitre 4*

*L'intelligence collective est une intelligence partagée qui émerge de la collaboration et de la communication entre les individus au sein d'équipes, de groupes ou d'organisations. Elle est produite par trois dynamiques fondamentales : la résonance, la synergie et l'émergence.*

*Un travail d'équipe réussi implique des interactions gagnant-gagnant où chacun bénéficie de quelque manière que ce soit et où le tout est plus grand que la somme de ses parties.*

*Une bonne dynamique d'équipe implique l'intégration de compétences et de traits personnels différents de manière à ce que chaque membre de l'équipe comprenne clairement le but, les rôles, les responsabilités ainsi que les principes opérationnels.*

*Un brillant méta-leader habilite les membres de son équipe et favorise une bonne dynamique d'équipe en instaurant la confiance et la liberté d'opérer avec des règles claires et simples.*

*La combinaison de la sécurité psychologique et de la signification des tâches encourage et permet aux membres de l'équipe d'être à la fois des entités distinctes et de faire partie d'un ensemble plus vaste.*

*Seuls 20% des individus et des équipes atteignent leur plein potentiel en raison d'auto-sabotage. S'engager dans un plan d'entraînement de fitness mental vous aidera à réduire votre auto-sabotage, ainsi que celui des membres de votre équipe.*

# 5 – CADRE STRUCTUREL

*"La diversité est un fait. L'inclusion est un choix."*

*- Timothy R. Clark*

## Management scientifique

La notion de management scientifique descendant (*top-down*), rigoureusement prédéterminé, est en grande partie l'héritage de **Frederick Winslow Taylor** datant du XIXe siècle. **Taylor** était un optimisateur naturel, produisant davantage, plus rapidement, avec moins.

Déterminé à être aussi scientifique que possible dans son processus d'optimisation, il suivit les impulsions réductionnistes de la mécanique classique, décomposant chaque travail en ses éléments les plus granulaires. Les **gains marginaux** réalisés en optimisant chaque élément s'additionnent ensuite pour générer une différence substantielle en termes d'efficacité.

Les méthodes de **Taylor** étaient cruelles, mais, pour les dirigeants d'entreprises, ses résultats étaient indéniables en termes de **profits**. Les idées de **Taylor** se sont répandues d'une entreprise à l'autre et d'une industrie à l'autre, et son succès a représenté la légitimation du management en tant que discipline.

Les managers ont assumé des doubles rôles en tant que chercheurs scientifiques et architectes de l'efficacité, délimitant une frontière claire entre la pensée et l'action. Le domaine managérial est devenu celui de la contemplation et de la planification, tandis que les travailleurs étaient chargés uniquement de l'exécution. Ce changement les a privés du besoin de comprendre les subtilités du fonctionnement des choses, modifiant considérablement leur perception de la **signification** de leurs tâches. Comme exploré dans le chapitre précédent, ce changement a résulté en la perte d'un élément crucial contribuant à l'épanouissement et à la performance à long terme.

Au cours des décennies qui ont suivi, l'étoile de **Taylor** pâlit. Son traitement des travailleurs, considérant les individus comme des entités mécanistes à manipuler, fut largement décrié.

Bien que nous frémissons devant les répercussions sévères des conditions déshumanisantes vécues sur les chaînes de montage par le passé, les principes qui ont formé la base de ces systèmes influencent toujours profondément les approches des organisations de toutes sortes en termes de management et de leadership.

La quête d'une méthode optimale, la croyance ferme envers des leaders planificateurs, synchroniseurs et coordinateurs - semblables à des stratèges de jeu d'échecs supervisant des mouvements interconnectés de troupes militaires, d'initiatives marketing ou de chaînes d'approvisionnement mondiales - reste profondément ancrée dans notre mentalité collective.

Cependant, les changements technologiques des dernières décennies ont conduit à un monde plus **interdépendant** et plus **rapide**, créant un état de complexité à l'origine d'une situation fondamentalement différente des défis compliqués du passé; les problèmes compliqués exigeaient beaucoup d'efforts mais finissaient par céder à la prédiction. La **complexité** signifie que, malgré nos capacités accrues de suivi et de mesure, le monde est devenu, à bien des égards, beaucoup moins prévisible.

Cette **imprévisibilité** est fondamentalement incompatible avec les modèles de management réductionnistes basés sur la planification et la prédiction. Le nouvel environnement exige une nouvelle approche.

Étant donné que la poursuite de l'efficacité peut limiter la flexibilité et la résilience, **McChrystal** et sa *Task Force* ont dû renoncer à l'efficacité en tant que Graal managérial. Face à une menace en évolution perpétuelle dans un environnement complexe, l'impératif était d'adopter l'**adaptabilité**. L'adversaire semblait maîtriser cette qualité à travers sa structure en réseau, capable de reconfiguration dynamique avec une agilité et une résilience remarquables. Pour sortir victorieuse, la *Task Force* a dû également se transformer en un véritable réseau, reflétant l'adaptabilité nécessaire pour naviguer dans les défis auxquels elle était confrontée.

Ils se sont stratégiquement alignés sur les principes

d'**antifragilité** tels qu'articulés par **Nassim Nicholas Taleb**. Au lieu de tenter de prévoir chaque scénario concevable, ils se sont concentrés sur l'identification et le renforcement de leurs **vulnérabilités**, cherchant activement des opportunités pour améliorer leur force et leur résilience.

Cette approche proactive leur a permis de non seulement résister aux défis inattendus, mais aussi de transformer l'adversité en opportunités d'**amélioration continue**. En favorisant une culture d'adaptabilité et d'auto-évaluation continue, ils ont cultivé une éthique organisationnelle prospérant face à l'incertitude, incarnant l'essence de l'antifragilité dans leur quête d'excellence.

## Une équipe d'équipes

L'acronyme **MECE** signifie *Mutuellement Exclusif et Collectivement Exhaustif*. Une décomposition MECE divise quelque chose en une série de catégories qui ne se chevauchent pas, mais couvrent ensemble tout.

Un organigramme classique est une structure MECE ordonnée où les connexions qui importent sont les liens verticaux entre les travailleurs et leurs managers.

Une structure **non-MECE** est beaucoup plus efficace dans le sport ou là où une grande adaptabilité est nécessaire. Une équipe est mieux équipée de la capacité cohésive d'improviser en tant qu'unité, s'appuyant à la fois sur la spécialisation et les responsabilités qui se chevauchent, ainsi que sur la familiarité avec les habitudes et les réponses de chacun, leur permettant d'anticiper instinctivement les réponses des autres. Les meilleures équipes savent que leur leader leur fait confiance pour se faire mutuellement confiance. Ces liens horizontaux anti-MECE de confiance et les définitions chevauchantes de l'objectif leur permettent de faire ce qu'il faut.

Comprendre cette différence entre les structures MECE et non-MECE a été un facteur clé de succès pour la *Task Force* de **McChrystal**. La capacité à connecter des forces spéciales telles que les Navy SEALs et les Rangers avec des organisations telles que la CIA, le FBI et la NSA a découlé de l'arrêt du travail en silos et de l'adoption d'une structure non-

MECE beaucoup plus **interconnectée** et donc **agile**.

La solution créée par **McChrystal** était une équipe d'équipes, une organisation dans laquelle les relations entre les équipes constituantes ressemblaient à celles entre les individus d'une seule équipe. Des équipes qui résidaient traditionnellement dans des silos séparés devaient maintenant être fusionnées les unes aux autres avec un but commun et une confiance réciproque.

Cette notion d'équipe d'équipes définit parfaitement ma vision des **partenariats gagnant-gagnant** ou d'alliances stratégiques où des entreprises distinctes travaillent ensemble vers des objectifs communs, partageant succès, risques et problèmes.

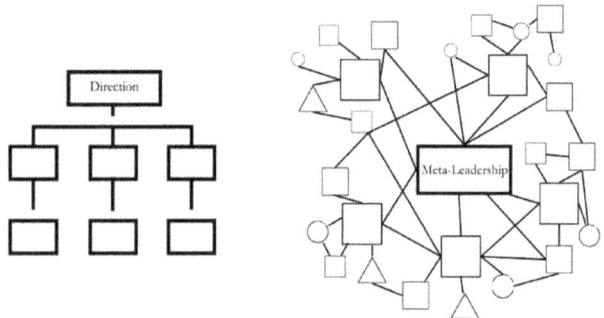

## Gouvernance décentralisée

Un autre élément crucial de la transformation de la *Task Force* en une organisation beaucoup plus efficace a été la mise en place d'une gouvernance transversale, le briefing *Opérations et Renseignements* (O&I).

Il était en effet essentiel de développer une **culture du partage** dont ils avaient besoin pour gagner en vitesse, en agilité et donc en efficacité. Chaque membre de la *Task Force*, ainsi que n'importe quel partenaire invité, pouvait alors se connecter et participer aux échanges d'un peu partout dans le monde. La réunion se tenait six jours par semaine et incluait des milliers de personnes. En permettant aux participants de partager et parfois de débattre de perspectives différentes, elle leur donnait les **compétences** et la **confiance** nécessaires pour mieux comprendre la situation globale et résoudre leurs problèmes similaires sans avoir besoin de plus de conseils ou de clarifications. En fin de compte, cela permit d'économiser une quantité incalculable de temps en termes d'autorisations qui n'étaient plus nécessaires.

La **conscience partagée** au sein d'une organisation est entravée ou favorisée par des espaces physiques et des processus établis. Souvent, les efforts visant à faciliter l'efficacité inspirée par **Taylor** ont créé des barrières au partage d'informations et à la compréhension systémique nécessaires à une organisation comme la *Task Force*.

Établir la **transparence** et le **partage d'informations** nécessaires à l'échelle requise demanda une refonte complète, non seulement de leur infrastructure physique, mais aussi une profonde réflexion sur pratiquement tous les **aspects procéduraux** de leur culture organisationnelle. Le pivot de ce processus transformateur fut le briefing quotidien O&I, servant d'épicentre pour la diffusion d'informations à tous les membres de la *Task Force* et des agences partenaires. Il fournissait également une **plateforme inclusive**, permettant à chaque individu de contribuer activement au pool de connaissances collectives.

Le concept selon lequel l'ordre optimal émerge non pas d'une conception centralisée mais à travers une **interaction décentralisée** contraste nettement avec les méthodologies de planification réductrices qui ont prévalu historiquement dans la plupart des organisations au cours du siècle dernier. Dans des environnements caractérisés par des niveaux élevés d'interaction, des solutions ingénieuses ont le potentiel de se manifester organiquement, transcendant les contraintes d'un seul concepteur ou planificateur. En d'autres termes, l'ordre peut émerger **du bas vers le haut**, au lieu d'être dirigé du haut vers le bas.

La **coopération** entre les silos est nécessaire à la réussite, nécessitant de construire davantage de **confiance** entre les participants. À cette fin, l'utilisation de **programmes d'intégration et de liaison** créa des liens latéraux forts entre les unités et les organisations partenaires le cas échéant. Là où la compréhension systémique reflètait le sens de l'**objectif commun**, l'O&I amenait le deuxième ingrédient de la formation d'équipe: la **confiance**.

Unifiées par un but commun et une confiance réciproque, la combinaison d'une **exécution autorisée** et d'une **conscience partagée** permet l'**adaptabilité**, et de là des réponses efficaces aux défis de la complexité requérant vitesse et interdépendance.

## La sagesse des foules

De plus, les groupes sont remarquablement intelligents dans les bonnes circonstances.

Selon **James Surowiecki**, auteur du livre *La sagesse des* *foules*, les décisions collectives sont les plus susceptibles d'être bonnes lorsqu'elles sont prises par des personnes ayant des opinions diverses, parvenant à des conclusions indépendantes, s'appuyant principalement sur leurs informations privées.

Les quatre conditions qui produisent des foules sages sont :

- la diversité d'opinions (représentant un large éventail de perspectives)
- l'indépendance (les opinions des personnes ne sont pas déterminées par les opinions de celles qui les entourent)
- la décentralisation (les gens peuvent se spécialiser et s'appuyer sur des informations locales)
- l'agrégation (un mécanisme impartial existe pour transformer les conclusions individuelles en une décision collective).

En adaptant sa gouvernance, **McChrystal** a favorisé clairement une sagesse supérieure et donc la performance de son équipe d'équipes.

# Un nouveau processus d'approbation pour les décisions clés

Les tâches inhérentes au management, telles que la planification, l'organisation, la commande, la coordination et le contrôle, sont considérablement facilitées par un accès accru à l'information. Cela initie souvent un schéma cyclique de poursuite constante de méthodes pour recueillir et centraliser plus d'informations, permettant la formulation et la diffusion de directives de plus en plus efficaces dans toute l'organisation. Dans ce paradigme, le rôle des travailleurs devient instrumental dans l'alimentation de ce cycle, car ils attendent et exécutent le prochain ensemble de commandes.

En Irak, **McChrystal** et son équipe avaient un accès simultané à des mises à jour et à des vidéos en temps réel depuis des bureaux et des opérations du monde entier, et étaient connectés à presque chaque décision d'importance. Ils pouvaient voir que le partage d'informations était un outil efficace, mais la centralisation du contrôle qui accompagnait un tel accès aux données tactiques était une autre question.

Étant donné que le processus d'**approbation des décisions clés** ralentissait souvent la réactivité sur le terrain, et que souvent ses propres conseils n'apportaient pas de valeur à ce que l'équipe sur le terrain aurait décidé, il communiqua à travers la chaîne de commandement sa manière de réflechir sur des décisions clés telles que les frappes aériennes afin d'autoriser les soldats sur le terrain à prendre le décisions. Il restait en fin de compte responsable de toute décision, mais transmettait le pouvoir de faire ce qui était nécessaire à ses équipes.

La délégation des décisions de haut en bas de la chaîne de commandement repose sur l'hypothèse que l'organisation a le temps de le faire, ou, plus précisément, que le coût du retard est inférieur au coût des erreurs produites en retirant un superviseur. En 2004, cette hypothèse n'était plus valable. Les risques d'agir trop lentement étaient plus élevés que les risques de laisser des personnes compétentes prendre des décisions.

## Le point où une équipe foire

Au niveau des ressources humaines, il y a un point où

ajouter plus de personnel, par exemple à une équipe, n'apportera pas plus de valeur, et éventuellement même moins. Alors, à partir de quel nombre me direz-vous ? Cela dépend. Pour des tâches telles que celles sur une chaîne de montage, le centième employé peut ajouter autant de valeur que le premier. Pour les équipes, la plage est considérablement plus étroite. Une équipe de football, par exemple, se compose de onze joueurs tandis que les équipes SEAL contiennent entre seize et vingt personnes. Au-delà de ces chiffres, les équipes commencent à perdre l'unité qui les rend adaptables. La communication et la **confiance** se rompent, les **égos** entrent en conflit et l'innovation et la résilience, autrement dit l'**agilité**, sont affectées ou perdues.

Or, l'érosion de l'adaptabilité peut avoir un impact profond et étendu sur une organisation ou une entreprise. Remarquablement, les qualités mêmes qui contribuent à l'efficacité d'une équipe adaptable peuvent devenir une arme à double tranchant, en particulier à mesure que les organisations se développent. Les attributs qui rendent une équipe agile et réactive entrent alors en conflit avec les structures établies qu'elles sont censées compléter.

Des milliers d'entreprises ont sombré en raison de leur incapacité à mettre à l'échelle leur travail d'équipe. La **rigidité** qui s'installe avec la croissance est en effet l'une des principales causes de l'échec des start-ups. Les dynamiques d'équipe sont donc puissantes mais délicates, et l'expansion peut les briser. À mesure qu'une équipe devient plus grande, le nombre de liens qui doivent être gérés entre les membres augmente à un rythme accéléré, souvent exponentiel. Les équipes plus importantes ne sont donc pas nécessairement meilleures que les plus petites car elles doivent mobiliser plus de ressources.

L'**externalisation ou sous-traitance** est une manière d'élargir son activité sans étendre directement sa main-d'œuvre avec les inconvénients potentiels mentionnés ci-dessus. Une clé du succès est donc de considérer les partenariats comme une équipe d'équipes et de suivre les mêmes principes que ceux que **McChrystal** a utilisés en Irak.

# L'effet volant

Lorsque vous avez défini et mis en place votre structure organisationnelle, vous devez vérifier sa fonctionnalité.

Dans son livre *De la performance à l'excellence* cité précédemment, **Jim Collins** mentionne l'effet volant, qu'il décrit plus en détail dans un livre séparé. Il le présente comme l'un des principaux différenciateurs entre les entreprises excellentes et leurs concurrents plus médiocres.

Imaginez votre projet ou votre entreprise comme un volant. Vous le tournez encore et encore. Au début, il tourne très, très lentement et est extrêmement difficile à tourner. Ensuite, au fur et à mesure que vous avancez, il tourne de plus en plus vite et de plus en plus facilement. Cela représente 50 % de l'effet volant.

Mais ce n'est pas tout ! Vous devez encore définir les étapes de votre volant et l'ordre dans lequel les actionner.

Prenons l'exemple d'Amazon. Dès le début, **Jeff Bezos** a imprégné Amazon d'une obsession : créer de plus en plus de valeur pour de plus en plus de clients.

Lui et son équipe ont dessiné le volant suivant : des prix bas entraînent de plus en plus de visites sur le site, ce qui conduit à plus de ventes et attire plus de vendeurs tiers qui veulent vendre sur le site. Le résultat est qu'Amazon obtient un meilleur rendement sur ses coûts fixes (serveurs, stockage, centres de livraison, etc.). L'efficacité accrue permet ensuite de diminuer encore les prix. Peu importe la partie du volant qui est renforcée, celui-ci accélère et gagne en élan.

Le processus est illustré dans la figure ci-dessous.

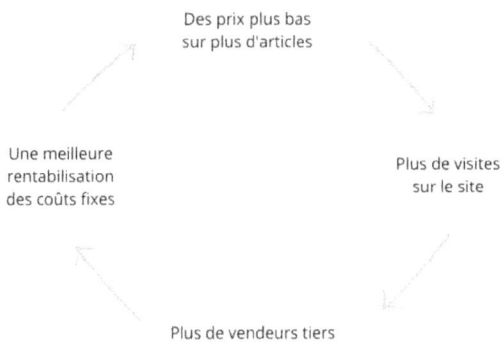

Voici une **méthode** simple en 6 étapes pour créer votre propre volant.

1. Identifiez idéalement jusqu'à 6 **étapes critiques** dans votre propre entreprise. Commencez avec des posts-it pour permettre plus de flexibilité dans votre réflexion. Faites simple.

2. Placez-les dans le bon **ordre**, où chaque étape influence la suivante. N'hésitez pas à essayer différentes options.

3. Créez des volants secondaires si nécessaire pour décrire **plus en détail** les étapes clés. Cela sera très bénéfique pour disséquer davantage les étapes bloquantes et les dégripper.

4. Partagez avec des experts ou des amis compétents et bienveillants et demandez leur **avis**.

5. Ensuite, **testez** votre volant. Fonctionne-t-il ? Si oui, continuez à le faire tourner. Sinon, essayez de comprendre s'il ne vous manque pas une étape critique, ou s'il n'y a pas un point bloquant quelque part.

6. **Répétez** depuis l'étape 1.

Que les volants tournent ou non, les revisiter périodiquement offre une opportunité d'amélioration ou d'adaptation. Cette pratique réflexive est particulièrement précieuse pour évaluer si des ajustements sont nécessaires en réponse à des facteurs environnementaux changeants et qui pourraient potentiellement avoir un impact sur votre entreprise.

## Évaluation de la performance

La **mesure** de la performance est cruciale pour évaluer où se situe votre équipe ou votre organisation et comment vous améliorer et progresser davantage.

Au niveau individuel et même au niveau de l'équipe, la santé d'une organisation peut être mesurée à l'aide du **QP**, le Quotient d'Intelligence Positive, exprimé en pourcentage de 0 à 100 (calculable pour un individu et pour une équipe). Cela correspond au pourcentage de temps pendant lequel votre esprit vous sert plutôt que de vous saboter. Un PQ de 75 indique que votre esprit vous sert 75% du temps et vous sabote pendant les 25% restants. Ce chiffre de 75 n'est pas insignifiant car il représente le point de basculement au-delà duquel vous devez vous situer pour progresser et ne pas être tiré vers le bas. Vous pouvez mesurer votre PQ en visitant le site web https://www.positiveintelligence.com.

Pour améliorer votre QP, vous devez simplement apprendre à **reconnaître** vos saboteurs, les **affaiblir**, et activer et **renforcer** vos sages, les contreparties positives des saboteurs.

D'autres **systèmes simples** de mesure existent également, tels que les formulaires Google qui permettent la collecte anonyme des perceptions des membres de l'équipe et de leurs suggestions d'amélioration, leur donnant ainsi l'opportunité de s'impliquer davantage dans l'entreprise.

D'un point de vue plus formel, l'Organisation Internationale de Standardisation (ISO) a publié en 2010 la norme **ISO 26000**, destinée à aider les entreprises à mettre en œuvre la responsabilité sociétale des entreprises (RSE). Contrairement à d'autres normes ISO, ISO 26000 fournit des lignes directrices plutôt que des exigences, car la nature de la RSE est plus qualitative que quantitative, et ses normes ne peuvent pas être certifiées.

ISO 26000 clarifie ce qu'est la RSE et aide les organisations à traduire les principes de la RSE en actions concrètes. La norme s'adresse à tous les types d'organisations, quelle que soit leur activité, leur taille ou leur emplacement. Et parce que de nombreux intervenants clés du monde entier ont contribué au développement de l'ISO 26000, cette norme représente un **consensus international**.

## Résumé du chapitre 5

La notion de management scientifique descendant, rigoureusement prédéterminé, est largement l'héritage de Frederick Winslow Taylor datant du XIXe siècle. Cependant, les changements technologiques des dernières décennies ont conduit à un monde plus interdépendant et plus rapide, créant un état de complexité à l'origine d'une situation fondamentalement différente des défis compliqués du passé.

Une équipe d'équipes est une organisation dans laquelle les relations entre les équipes constituantes ressemblent à celles entre les individus d'une seule équipe: des équipes qui résidaient traditionnellement dans des silos séparés fusionnent désormais les unes avec les autres par le biais de la confiance et d'un but commun.

Cela peut s'appliquer à des partenariats gagnant-gagnant ou à des alliances stratégiques où des entreprises distinctes travaillent ensemble vers des objectifs communs, partageant ensemble le succès, les risques et les problèmes.

Les groupes sont remarquablement intelligents dans les

*bonnes circonstances. Une gouvernance transversale est essentielle pour construire la culture de partage requise pour gagner en vitesse, en agilité et donc en efficacité. En permettant aux participants de partager et parfois de débattre des perspectives différentes, cela leur donne les compétences et la confiance nécessaires pour mieux comprendre le tableau global et résoudre leurs problèmes similaires sans avoir besoin de plus de conseils ou de clarifications. Au final, cela économise une quantité incalculable de temps qui n'est plus nécessaire pour obtenir des autorisations.*

*Faire remonter et redescendre les décisions dans la ligne hiérarchique repose sur l'hypothèse que l'organisation a le temps de le faire, ou, plus précisément, que le coût du retard est inférieur au coût des erreurs produites en retirant un superviseur.*

*Au-delà d'un certain nombre de membres, les équipes commencent à perdre l'unité qui les rend adaptables. La communication et la confiance se brisent, les égos entrent en conflit et l'innovation et la résilience, autrement dit l'agilité, sont affectées ou perdues.*

*L'externalisation est une façon d'élargir son activité sans augmenter directement sa main-d'œuvre. Une des clés du succès est de considérer les partenariats comme une équipe d'équipes.*

*Une fois que vous avez défini et mis en place votre cadre structurel, vous devez vérifier sa fonctionnalité en imaginant votre projet ou votre entreprise comme un volant. Vous le tournez encore et encore. Au début, il tourne très, très lentement et est extrêmement difficile à tourner. Ensuite, au fur et à mesure, il tourne plus vite et plus facilement.*

*La prise de mesures est essentielle pour évaluer où vous en êtes et comment vous améliorer davantage et croître. Au niveau individuel et même d'équipe, la santé d'une organisation peut être mesurée à l'aide du Quotient d'Intelligence Positive (PQ). D'autres systèmes simples existent, tels que les formulaires Google, et d'un point de vue plus formel, l'ISO 26000, un ensemble de normes destinées à aider les entreprises à mettre en œuvre la RSE.*

# 6 - CONCLUSION

*" Une société grandit lorsque de vieux hommes plantent
des arbres à l'ombre desquels ils savent
qu'ils ne s'assiéront jamais."*

*Proverbe grec*

## Expansion des consciences

Le **développement durable** est l'un des principaux défis auxquels le monde est aujourd'hui confronté. En bref, il consiste en une croissance économique actuelle et ultérieure sans aucun préjudice pour les générations futures. Un développement véritablement durable implique donc la capacité de prospérer en tant qu'individu, équipe, organisation et société.

Depuis la révolution industrielle, la plupart des industries ont adhéré à des doctrines de management inspirées par le management scientifique de **Frederick Taylor,** un système excellent pour réaliser une exécution très efficace de processus connus et répétables à grande échelle. Malgré le succès de cette approche tout au long du XXe siècle, elle a ses limites. L'efficacité ne suffit plus.

Pour prospérer dans notre monde **VICA** (Volatile, Incertain, Complexe, Ambigu), nous devons nous adapter dynamiquement à notre environnement de manière à utiliser judicieusement les ressources et à nous préparer pour l'avenir. La prédiction n'est pas la seule façon de faire face aux menaces ; développer la résilience, apprendre à se reconfigurer pour affronter l'inconnu, est une manière beaucoup plus efficace de répondre à un environnement complexe.

Un **leadership conscient** nécessite donc d'élargir la conscience d'une organisation dans plusieurs dimensions. C'est une étape difficile mais clairement importante de notre évolution.

Un moyen simple d'y parvenir est de mettre en pratique la sagesse amérindienne de l'intendance sur **sept générations** (issue de la Grande Loi des Iroquois) qui conseille de se souvenir de sept générations dans le passé et de considérer sept générations dans le futur lors de prises de décisions importantes.

## Investir dans la RSE

La Responsabilité Sociale des Entreprises (RSE) est un **large concept** qui peut prendre de nombreuses formes en fonction de l'entreprise et de l'industrie.

Elle devrait être considérée comme un **modèle**

entrepreneurial par lequel les entreprises font des efforts concertés de manière à améliorer la société et l'environnement plutôt que de les dégrader.

Les initiatives de RSE visent à avoir un **impact positif** sur le monde en apportant des avantages directs à la société, à la nature et à la communauté dans laquelle une entreprise opère.

De nombreuses entreprises ont ainsi pris des mesures pour améliorer la **durabilité environnementale** de leurs opérations, par exemple en installant des sources d'énergie renouvelable ou en achetant des compensations carbone. Dans la chaîne d'approvisionnement, des efforts ont également été déployés pour éliminer la dépendance à des pratiques de travail non éthiques, telles que le travail des enfants et l'esclavage.

La RSE peut également renforcer le **bien-être** et l'**éthique** au travail. En sachant que leur entreprise promeut de bonnes causes, la satisfaction des employés augmente, et la rétention du personnel également.

De plus, les **consommateurs** sont peut-être plus enclins à choisir des entreprises qui cherchent à avoir un impact positif conscient au-delà du périmètre de leurs activités.

Pour qu'une entreprise soit socialement responsable, elle doit d'abord être responsable envers elle-même et au-delà. Cela nous ramène à la notion de **méta-leadership**.

## Management versus leadership

Dans les entreprises et les organisations, le leadership est souvent encore opposé au management.

En comparaison, le leadership est défini comme le fait d'*inspirer les autres à vouloir faire les choses*, tandis que le management est généralement défini comme *faire réaliser des choses par les autres*.

Le **management** est globalement associé à l'amélioration de la productivité, à l'établissement de l'ordre et de la stabilité, et à un fonctionnement fluide et efficace.

Le **leadership** est nécessaire pour continuer à avancer en période d'incertitude, de turbulence, de transformation sociale et de changement. Lorsque nous sommes en mode survie, nous luttons pour maintenir le *statu quo*. Nous ne sommes pas concentrés sur une véritable croissance et l'épanouissement.

Bien que nous sachions intuitivement que le monde a changé, la plupart des leaders reflètent un modèle et un processus de développement très dépassés. Nous demandons souvent des niveaux de connaissance irréalistes aux leaders et les forçons à des tentatives inefficaces de micro management.

La tentation de diriger comme un maître d'échecs, en contrôlant chaque mouvement de l'organisation pour répondre au besoin de **certitude**, doit céder la place à une approche de jardinier, facilitant plutôt que dirigiste.

Le **méta-leadership** élève le leadership simple à un niveau supérieur où les autres membres de l'équipe ou de l'organisation sont vus non seulement comme des ressources, mais comme d'autres leaders. À mon avis, cela apporte un plus grand sens d'inclusion, de responsabilité et de croissance durable.

En d'autres termes, cela élargit la **conscience** en équilibrant davantage l'**ego** (nous-mêmes) et l'**âme** (au-delà de nous-mêmes) selon les définitions de **Robert Dilts**.

Les conditions pour créer une **intelligence collective** sont la perception d'une **mission** au service d'une **vision commune** bénéfique pour les autres, l'**engagement** envers quelque chose de plus grand que soi, une **communication** ouverte, une **confiance** et un **respect** mutuels, ainsi que la **curiosité**.

## Le leadership par l'exemple

L'**adaptation** efficace aux menaces et aux opportunités nécessite une **exécution autonomisée**.

Les individus et les équipes les plus proches du problème offrent la meilleure capacité de décider et d'agir de manière décisive.

**McChrystal** était plus efficace lorsqu'il supervisait des processus - des opérations de renseignement à la priorisation des ressources - garantissant l'**évitement des silos** ou la **bureaucratie** qui condamnaient l'agilité, que lorsqu'il prenait des décisions opérationnelles individuelles.

Lorsqu'il tenta de faire les mêmes choses de manière plus rapide avec les contraintes de l'ancienne structure, son équipe réussit à augmenter le nombre de raids de 10 à 18. En 2006, sous la nouvelle organisation, ce chiffre a explosé à 300 ! Avec des augmentations minimales de personnel et de financement, ils fonctionnaient **17 fois plus rapidement** ! Et ces raids étaient plus réussis avec un pourcentage plus élevé de cibles atteintes, en grande partie parce qu'ils se déplaçaient enfin aussi rapidement que l'AQI, mais aussi en raison de la qualité accrue de la **prise de décision**.

Le contrôle au coup par coup qui semblait naturel aux opérations militaires s'est avéré moins efficace que le **développement de l'organisation** - sa structure, ses processus et sa culture - pour permettre aux composants subalternes de fonctionner avec une

**autonomie intelligente**. Cela entraîna un flux constant de **conscience partagée** à travers l'organisation et libéra ses membres pour exécuter de meilleures actions conformément à la stratégie globale.

Comme dans un **jardin**, le résultat dépendait moins de la plantation initiale que de l'**entretien constant**. Le jardinier ne peut pas faire pousser les légumes - il ne peut que favoriser un environnement dans lequel ils le feront d'eux-mêmes.

Pour **McChrystal**, passer d'un leader héroïque à un humble jardinier ne fut pas chose facile. Il dut faire l'effort de s'adapter à sa nouvelle réalité. En tant que leader, il reconnut la nécessité de **se transformer d'abord lui-même** avant de transformer son organisation. Malgré son changement de rôle, son leadership est resté plus crucial que jamais. Il évolua vers le méta-leadership, où son approche est passée de la simple manipulation des pièces sur l'échiquier à une implication active dans le façonnage de l'ensemble de l'**écosystème**.

Sa nouvelle fonction se distinguait principalement par un changement fondamental qui mettait l'accent sur la question suivante : *de quoi avez-vous besoin ?* Cela marquait une rupture avec les styles de leadership traditionnels, où les directives étaient données de haut en bas. Au lieu de cela, il adoptait une approche de **leadership servitant**, comprenant que le leadership efficace consistait à demander à ses membres d'équipe leurs besoins et défis, puis à fournir le soutien et les ressources nécessaires. Cet accent sur un soutien adapté favorisait un environnement collaboratif et autonomisant, encourageant le développement individuel et la réussite globale de l'équipe.

**McChrystal** adopta également une pratique appelée *penser à voix haute*. Dans cette approche, il encapsulait ce qu'il avait entendu, partageait son processus de réflexion pour digérer l'information, et articulait ses considérations initiales sur les actions qu'ils devraient envisager. Cette méthode permettait à l'ensemble du commandement de suivre et, si nécessaire, de modifier son raisonnement, fournissant des informations sur son processus de prise de décision. Par la suite, dans une démarche délibérée pour renforcer l'exécution autonomisée, Il encourageait régulièrement ses subordonnés à évaluer de manière indépendante les actions appropriés et à faire part de leurs idées.

S'engager dans une **réflexion ouverte et sincère** peut être une perspective intimidante pour un leader de haut niveau. En de tels moments, le manque de connaissance devient rapidement évident, et les tentatives de feindre l'expertise sont généralement embarrassantes et inefficaces. Cependant, **McChrystal** découvrit que poser des questions apparemment simples ou admettre ouvertement "Je ne sais pas" était non seulement accepté, mais souvent apprécié. Demander des avis ou solliciter des conseils transmettait un sentiment de respect. Le message général transmis par l'O&I, la nouvelle gouvernance transversale, était qu'ils font tous collectivement face à un défi que seuls eux, en tant qu'équipe unifiée, pouvaient comprendre et résoudre.

La transformation de la *Task Force* reflète la nouvelle génération de modèles mentaux que nous devons adopter pour donner un sens au XXIe siècle. Si nous parvenons à embrasser ce changement, nous pourrons libérer un **potentiel immense** pour le progrès humain.

*Il y a deux questions que nous devons nous poser. La première est « Où vais-je ? » et la deuxième est « Qui m'accompagnera ? » - Howard Thurman*

# Points clés à retenir

La **durabilité** au sein des organisations nécessite l'intégration de considérations sociales, environnementales et économiques dans la gestion globale, illustrée par le cadre d'amélioration continue de la Responsabilité Sociétale des Entreprises (RSE).

Les organisations modernes doivent trouver un **équilibre entre stabilité et agilité**, reconnaissant la nature interconnectée du monde.

Le **méta-leadership** émerge comme un catalyseur essentiel pour le changement positif. La personnalité du leader influence grandement le succès organisationnel. Un leadership **authentique** et **conscient** est crucial tant pour aligner les besoins et les valeurs, que pour plus d'adaptabilité grâce à l'autogestion.

Le pourcentage d'**entraînement** est généralement assez faible dans le monde de l'entreprise, comparé au sport ou à l'armée. La **pratique délibérée**, le **feedback intelligent** et un **mindset de croissance** qui surpasse le talent doivent être privilégiés.

Une **gouvernance transversale**, l'**intelligence collective** et la **dynamique d'équipe** sont cruciaux pour réussir dans un environnement rapidement changeant.

Un brillant méta-leader donne du pouvoir à ses équipes et favorise la dynamique d'équipe en instaurant la **confiance** et la **liberté d'opérer** avec des **règles claires et simples**.

La combinaison de la **sécurité psychologique** et de la **signification des tâches** encourage et permet aux membres de l'équipe d'être à la fois des entités séparées et de faire partie de quelque chose de plus grand.

Une collaboration réussie implique des **interactions gagnant-gagnant** où tout le monde peut tirer un bénéfice d'une manière ou d'une autre et où **l'ensemble est plus grand que la somme de ses parties**.

Les approches traditionnelles de management descendant sont limitées face à la **complexité croissante des défis**.

Seuls 20 % des individus et des équipes atteignent leur plein potentiel en raison de l'**auto-sabotage**. S'engager dans un plan d'**entraînement de fitness mental** vous aidera à réduire votre auto-sabotage et celui de vos équipes.

Les groupes sont remarquablement intelligents dans les bonnes circonstances. Une **gouvernance transversale** est essentielle pour construire la culture du partage nécessaire pour gagner en rapidité, en agilité et donc en efficacité. En permettant aux participants de partager et parfois de débattre des perspectives, cela leur donne les **compétences** et la **confiance** nécessaires pour mieux comprendre la vision globale et résoudre leurs problèmes similaires sans avoir besoin de plus d'orientation ou de clarification. Au final, cela économisa une quantité incalculable de temps qui n'était plus nécessaire pour chercher des clarifications ou des autorisations.

L'**externalisation** est un moyen d'élargir son entreprise sans augmenter directement sa main-d'œuvre. Une clé du succès est donc de considérer les partenariats comme une équipe d'équipes.

L'importance d'évaluer régulièrement et de **mesurer** la santé organisationnelle est soulignée, en utilisant des outils tels que le Quotient d'Intelligence Positive (QP) et les normes ISO 26000.

*Si vous avez apprécié ce livre, veuillez laisser une critique positive sur Amazon. Cela contribuerait grandement à sa diffusion. Merci d'avance !*

# 7 - RÉFÉRENCES

1. Antifragile: les bienfaits du désordre, Nassim Nicholas Taleb, 2013

2. Changer d'état d'esprit: une nouvelle psychologie de la réussite, Carol S. Dweck, 2010

3. Corporate Social Responsibility, https://www.belgium.be/en/economy/sustainable_development/sustainable_economy/corporate_social_responsibility

4. Corporate Social Responsibility (CSR) explained with examples, Jason Fernando, 2023, https://www.investopedia.com/terms/c/corp-social-responsibility.asp

5. De la performance à l'excellence: devenir une entreprise leader, Jim Collins, 2009

6. La modélisation des facteurs de succès volume I, Entrepreneurs de nouvelle génération: vivez vos rêves et créez un monde meilleur par votre entreprise, Robert B. Dilts, 2017

7. La modélisation des facteurs de succès volume II, Collaboration générative: libérer la puissance créative de l'intelligence collective, Robert B. Dilts, 2018

8. La modélisation des facteurs de succès volume III, Leadership conscient et résilience, Robert B. Dilts, 2023

9. Le nouveau manager minute: réussir vite et mieux dans un monde en pleine mutation, Ken Blanchard & Spencer Johnson, 2015

10. L'éveil de votre puissance intérieure, Anthony Robbins, 1993

11. Les secrets des All Blacks: XV leçons de leadership, James Kerr, 2023

12. Peak: how all of us can achieve extraordinary things, Anders Ericsson & Robert Pool, 2017

13. Positive Intelligence: why only 20% of teams and individuals achieve their true potential and how you can achieve yours, Shirzad Chamine, 2012

14. Quand l'impossible devient possible – la voie de la maîtrise de soi et du lâcher-prise, Laurent Zecchinon, 2023

15. The one thing: passez à l'essentiel, Gary Keller & Jay Papasan, 2020

16. The power of mindset change: why mindset matters

most, Robert Dilts & Mickey Feher, 2023

17. The wisdom of crowds, James Surowiecki , 2005

18. Une stratégie d'équipes: s'adapter et s'organiser en plein chaos, Général Stanley McChrystal, 2022

19. Un rien peut tout changer, James Clear, 2018

20. What Google learned from its quest to build the perfect team, Charles Duhigg, 2016, https://www.nytimes.com/2016/02/28/magazine/what-google-learned-from-its-quest-to-build-the-perfect-team.html

21. Why we do what we do, Tony Robbins, 2006, TED talk, https://www.ted.com/talks/tony_robbins_why_we_do_what_we_do

22. Your supply chain needs a sustainability strategy, Boston Consulting Group, 2020, https://www.bcg.com/publications/2020/supply-chain-needs-sustainability-strategy

# À PROPOS DE L'AUTEUR

J'aime dire que j'ai vécu deux vies en parallèle jusqu'en 2017, lorsque j'ai commencé à combiner les deux.

Après une licence en biochimie suivie d'un doctorat, j'ai travaillé pendant une vingtaine d'années dans divers environnements de recherche et développement (université, PME, une multinationale, une école secondaire et un centre de référence hospitalier).

Une vie à 200 à l'heure où j'ai notamment appris la gestion d'équipe et de projet ainsi que l'externalisation stratégique (avec tout ce que cela implique en termes de gouvernance, gestion de la performance, gestion des risques et des problèmes, qualité, aspects légaux et approvisionnement).

J'ai également vécu un management toxique, des évaluations biaisées et des licenciements abusifs. Tout cela m'a donné une profonde envie d'apprendre à manager différemment et à devenir un agent de changement reconnu sur le terrain.

Le karaté (dont je suis actuellement ceinture noire 4e

dan) et l'entraînement fonctionnel (principalement à domicile) m'ont permis de garder le cap pendant les moments plus difficiles. J'ai également eu l'occasion de pratiquer l'aïkido, le qi gong, le yoga et le CrossFit.

Au fil des années, j'ai observé des problèmes de performance individuelle et collective et je me suis formé à la communication au sens large. Ce fut une véritable révélation, et j'ai réalisé que c'était ce qui me motivait réellement.

En 2017, à l'âge de 44 ans, un voyage dans le sud de la France et un stage de CrossFit m'ont inspiré à agir et à me former avec les meilleurs au monde. J'ai suivi et obtenu plusieurs certifications de coaching dans différents domaines pour mieux comprendre et ainsi exprimer tout mon potentiel.

J'ai également découvert le Biohacking, dont je suis devenu un grand fan, et qui, d'une certaine manière, relie mes deux vies. En combinant les connaissances ancestrales (en particulier les arts martiaux) et les disciplines scientifiques les plus avancées, il nous permet de fonctionner de manière optimale en fournissant de nombreuses solutions à nos contraintes quotidiennes modernes.

En 2021, j'ai connu des moments difficiles à la fois personnellement et professionnellement. J'ai ensuite approfondi les notions de résilience et d'antifragilité, respectivement à travers le travail de **Boris Cyrulnik** et **Nassim Nicholas Taleb**. Aujourd'hui, plus riche et plus fort de toutes ces expériences, j'accompagne les individus et les organisations qui veulent reprendre le contrôle et améliorer leurs résultats dans leur vie personnelle et professionnelle.

*Laurent Zecchinon*

## Site web

https://laurentzecchinon.com

## Page Facebook

https://www.facebook.com/lzecchinon.coaching.biohacking

## Chaîne YouTube

Laurent Zecchinon - Coaching & Biohacking
https://www.youtube.com/channel/UCFZc-S7wxQgUMG_EufSIz6w

## Profil Linkedin

https://www.linkedin.com/in/laurent-zecchinon/